DU RETOUR

EN FRANCE

DES ÉMIGRÉS,

CONSIDÉRÉS

COMME FUGITIFS OU REBELLES.

DU RETOUR
EN FRANCE
DES ÉMIGRÉS,

CONSIDÉRÉS

COMME FUGITIFS OU REBELLES;

PAR LOUIS JULLIAN,

CITOYEN FRANÇAIS.

A PARIS,

DE L'IMPRIMERIE DE BRASSEUR,
rue de la Harpe, n°. 477.

FRUCTIDOR AN VIII.

NOTE PRÉLIMINAIRE.

Si je ne croyois ni à la justice du gouvernement, ni à la liberté des citoyens, je n'aurois pas hasardé de publier ces idées, qui, je n'en doute pas, déplairont à beaucoup de monde, mais à la conservation desquelles je crois le sort de la révolution française attaché. Quelques personnes semblent calculer l'influence des ennemis de la république par leur nombre, c'est une erreur qui n'a point été relevée, et qui doit l'être. Dans tout ce qui tient aux agitations politiques, ce n'est jamais un fait, seul et isolé, qu'il faut considérer; ce sont ses résultats, nécessaires ou même possibles; et ici, j'avoue que je suis effrayé de tous ceux qui se présentent à moi. Il n'y aura ni partialité, ni haine dans cet écrit; cependant, comme je n'hésiterai pas à sacrifier les intérêts privés à l'intérêt de tous, je m'attends à un grand débordement d'invectives. Si, à la honte de la raison éternelle, les principes qui ont amené la révolution devoient s'effacer de notre législation, il ne resteroit plus à ses défenseurs qu'à s'effacer avec eux. Cet avenir est loin de ma pensée ; loin sur-tout, et j'aime à le croire, de la volonté des dépositaires de l'autorité nationale ; mais, au milieu du cahos d'une législation naissante, de la confusion de tant d'opinions, d'intérêts opposés qui se heurtent, quels hommes et quelle sagesse peuvent demeurer exempts d'erreurs ? C'est sur-tout lorsque ces erreurs ont une source honorable, qu'il est plus pénible de s'élever contr'elles, et qu'on a besoin d'être soutenu de toute l'énergie qu'inspire l'assurance d'avoir rempli un grand devoir. Je ne m'occuperai qu'accidentellement, et le moins qu'il me sera possible, des calculs financiers, qui se lient au sujet qui m'occupe. Il y a long-tems qu'il est démontré à tous les bons esprits que le crédit est la base la plus solide des états, et celui de la république française repose tout entier sur la vente des domaines reconnus nationaux, et l'immobilité de la législation à l'égard des hommes qui, s'attachant au service de nos ennemis, se sont déclarés contre nous en état de guerre, et, par cette démarche, ont évidemment renoncé aux propriétés qu'ils possédoient dans la république. En appelant toute la sévérité, toute la vigilance du gouvernement sur ces hommes, que des projets criminels ont pu seuls ramener parmi nous, j'invoquerai sa justice pour les infortunés qui ont des droits à la réclamer. L'assentiment de quelques hommes, qui sauront apprécier mon dévouement et mes motifs, sera ma récompense.

DU RETOUR EN FRANCE DES ÉMIGRÉS, CONSIDÉRÉS COMME FUGITIFS OU REBELLES.

Définition du mot émigré.

LE plus grand mal, sans doute, a été de ne pas s'entendre; par-là tout a été confondu, tout a été puni; et comme tout a été proscrit, aujourd'hui tout est victime. L'émigration n'auroit dû en aucun tems être considérée comme un délit capital. Il falloit, sans doute, la réprimer, puisqu'elle transportoit hors du territoire français les richesses de la France; il falloit la punir, l'entraver par tous les moyens. Mais quelles ressources restoient à la raison froide et impartiale dans ces terribles momens, où toutes les passions haineuses étoient déchaînées, où le soupçon de la modération étoit poursuivi comme la conviction du crime, où le silence étoit le dernier asile de l'homme juste? L'assemblée constituante ouvrit, par une fausse interprétation du mot *émigré*, la porte à tous les abus qui en sont résultés.

L'émigration en elle-même n'est point un crime, elle n'est que le simple usage d'un droit que rien ne peut ôter à l'homme en société, celui de disposer de sa personne comme il l'entend. Tout commentaire de ce mot est inexact, toute application de circonstances aux individus est injuste. On n'avoit pas plus le droit d'exiger d'un homme ou d'une famille qu'ils restassent spectateurs tremblans des scènes sanglantes qui ont déchiré la France, qu'on n'a celui de forcer un citoyen, non assujéti aux lois de la conscription, de prendre rang dans les armées. Aucunes lois préexistantes ne défendoient de sortir de France : l'effet rétroactif de ces lois a donc été une injustice ; la confiscation *absolue* (1) de leurs biens une injustice plus forte, et enfin la peine capitale qui leur a été indistinctement appliquée, un acte tyrannique et barbare, que le 18 brumaire ne pouvoit laisser subsister.

(1) Je reviendrai sur cette idée.

Mais, par une déplorable fatalité, ces idées saines, justes, tolérantes, faussement et perfidement appliquées, sont devenues, entre les mains des ennemis de la républi-que, une arme terrible pour l'assassiner.

Parmi ces nombreuses classes d'émigrés que la terreur, le mécontentement, ou la haine des nouvelles institutions éloignoient de leur patrie, les uns constamment étrangers à toutes les intrigues politiques, cherchèrent la paix chez les puissances neutres, et des débris de leurs fortunes, y formèrent des établissemens; d'autres livrés à des spéculations commerciales ne cessèrent d'entretenir des correspondances avec leurs amis de l'intérieur, et, fatigués des malheurs d'un long exil, attendoient avec impatience le moment où un gouvernement plus juste, ou moins sévère, oublieroit leur première erreur, et les rappeleroit dans le sein d'une patrie, que leur cœur n'avoit jamais abandonnée. D'autres enfin, (et c'est contre eux que se forme la redoutable ligue de tous les amis de la liberté) pressés par un insatiable besoin de vengeance, ennemis de toutes les idées libérales, dévoués à une dynastie sans courage et sans vertus, parce qu'ils n'attendent que d'elle le rétablissement de quelques privilèges et de quelques droits, dont le poids oppressif accabloit le peuple, sortis à peine de leur patrie, ont parcouru l'Europe pour lui susciter des ennemis : ont fortifié leurs lignes : ont créé des corps nombreux, destinés à les seconder et à combattre sous leurs ordres : ont inondé la république de faux assignats : ont payé ou servi tous les crimes, menacé toutes les existences et toutes les fortunes ; et proscrits enfin par l'Europe toute entière, indignée de tant d'audace et de bassesse, nous rapportent, avec leur haine, tout le mépris dont ils sont couverts, et qui accompagne partout les traîtres.

Ces hommes ne sont pas seulement des émigrés, ce sont des rebelles : et c'est sous ce nom que je les désignerai. La république doit être inflexible contre eux, comme ils l'ont été contr'elle. Ce ne sont pas des ennemis domptés, l'orgueil et la haine ne se domptent jamais; ils portent les armes même au milieu de nous, et l'expérience a prouvé qu'ils sont étrangers à tous les sentimens de la pitié.... On les a vus lors des malheurs de l'infortunée *Lyon*, repousser de leur confiance, et même de leur société, ces tristes victimes de nos discordes intestines, à peine échappées à la mort; et le farouche prétexte de cette férocité sans exemple étoit : *Que les Lyonnais avoient servi la révolution dans ses premières époques, et en avoient adopté les principes.* Ainsi les liens sacrés du malheur, qui rapprochent ceux que de longues haines avoient divisés, sont brisés par ces êtres barbares et stupides, dont le fanatisme et les préjugés ont fermé les ames à la nature !!! Et voilà les hommes auxquels les portes de la république ont été ouvertes de toutes parts !!!

Du retour en France des émigrés rebelles.

DE grands intérêts commandent en ce moment au gouvernement la surveillance la plus active, et à tous les amis de la liberté une surveillance auxiliaire. Je ne puis me résoudre à partager la sécurité de quelques hommes dont l'insouciance est le résultat d'une grande inexpérience, et qui ne voient de dangers, que là où les dangers sont pressans et irrémédiables. Ce système impolitique nous a successivement conduits aux résultats les plus désastreux, et sans remonter à des époques très-éloignées, n'est-ce pas aux choix de l'an V que nous devons cette journée du 18 fructidor, si diversement jugée, si nécessaire et si fatale, où la proscription, qui eût dû ne frapper que quelques conspirateurs, atteignit des hommes chers à la république, et confondant ensemble le crime, l'erreur et la vertu, devint le triomphe d'une faction, et la ruine de la liberté. Il n'y a de parallèle à établir entre l'époque qui précéda cette journée, et celle où nous sommes, qu'en un seul point : c'est qu'alors comme aujourd'hui les émigrés rebelles rentrés dans le sein de la république y jouissoient d'une impunité effrayante ; mais ce qui doit diminuer les craintes, c'est que, dans l'an V, le gouvernement déchiré, tiraillé dans tous les sens, étant devenu la proie des factions les plus contraires, n'avoit par conséquent point de volonté, et qu'aujourd'hui cette volonté est fixe, une, invariable. Ce qui ne prouvoit que la foiblesse du gouvernement d'alors, prouve, jusqu'à ce jour, la force de celui-ci. Puisse l'usage de ses forces n'en pas avoir été l'abus, et le signal de nouveaux déchiremens ; du moins est-il certain que tous les moyens sont essayés par nos perfides ennemis, pour surprendre et enchaîner la confiance du gouvernement. On effrayoit par des menaces un directoire tremblant et mal affermi ; l'on veut intéresser, par le récit de ses malheurs, des consuls qu'on sait accessibles à des sentimens généreux !!!

Des sentimens généreux !!! les hommes auxquels la France a confié le soin de sa gloire et de son bonheur en connoîtront-ils d'autres que ceux de justifier le choix et l'attente honorable de leurs concitoyens ! Toi !

sur-tout, jeune héros, qui as élevé si haut les destinées du peuple français; toi! le vainqueur de l'Europe et bientôt son pacificateur, qui, deux fois, attachas ton nom à des journées si fatales au royalisme et à l'anarchie; toi! non moins le héros de vendémiaire et de brumaire, que d'Arcole et de Maringo, jette les yeux sur ce qui t'environne; tu vas du faîte de ta gloire nous donner la paix, quand d'obscurs et de lâches ennemis s'agitent dans l'ombre, et cherchent à ranimer le spectre de la guerre civile !!! J'avois oublié que tu étois mortel : des souvenirs déchirans, des craintes invincibles me le rappellent !!! Tu as posé toi-même des bornes à ta justice, et les ennemis du peuple français n'ont pas le droit d'invoquer ta clémence! Ta gloire est à nous comme à toi-même : quelle plus haute garantie pourrions-nous te demander?

L'un des effets les plus désastreux de la rentrée des rebelles, c'est l'état de découragement et d'incertitude dans lequel se trouve jetée une foule de citoyens peu éclairés, qui, accoutumés à ne juger des actes du gouvernement que par les résultats, se persuadent que l'intention de l'autorité est de récréer tout

ce

ce que la révolution a détruit. Cette idée fatale a déjà jeté de profondes racines; unis au fanatisme intolérant de quelques prêtres, les rebelles la fortifient; pour éloigner le peuple des idées saines et justes, ils le trompent. Nouveaux révolutionnaires, ils proscrivent, ils persécutent; non pas encore à découvert, (ils ne sont pas assez sûrs de leurs forces) mais indirectement et dans l'ombre. C'est au nom de Dieu, et de je ne sais quel roi, qu'ils prient ou qu'ils menacent; ignorante et crédule, la multitude est bientôt entraînée...

Quelque sévère que se soit rendu le gouvernement sur les surveillances à accorder, ses intentions ont été rarement remplies, et le nombre des rebelles déjà rentrés, ou que l'espoir de l'impunité rassure, et détermine à courir des chances, qui offrent à peine un danger éloigné et incertain, se multiplie d'une manière alarmante. C'est à Paris qu'ils se rendent d'abord, et c'est de là qu'ils se répandent dans l'intérieur de la république, plus intolérans et aussi proscripteurs que s'ils n'avoient pas été proscrits. J'appuierois de cent faits chacune de ces assertions et toutes celles qui précèdent, si je ne m'étois interdit toute citation étrangère aux questions générales dont je m'occupe ; je serai fidèle à l'engagement que j'ai pris avec moi-même. Lié pour jamais à la cause de la liberté que j'ai servie, je m'honorerois de partager les périls de ses défenseurs, si des périls existoient pour eux ; rechercher la source de ceux qui pourroient les menacer, l'indiquer à la vigilance du gouvernement, c'est les prévenir.

Du nombre, des moyens et des projets des émigrés rebelles.

Les trois questions qui font l'objet de cet article sont susceptibles des plus vastes développemens. J'ai parlé incidemment dans ma note préliminaire du nombre des émigrés rebelles, et j'ai avancé que ce n'étoit nullement par leur nombre qu'il falloit juger de leur influence. Il seroit maintenant difficile d'en porter un calcul certain : les évènemens de la guerre, les maladies ont éclairci leurs rangs, et ce n'est plus dans les anciens cadres des escadrons et bataillons formés sur les frontières de l'Allemagne, au commencement de cette guerre, qu'il faudroit se régler. Une grande partie de ces rebelles a depuis long-tems quitté l'armée dite *de Condé;* les uns sont passés au service de l'Angleterre, de l'Autriche ou de la Russie; d'autres se sont disséminés dans l'Europe, et n'ont pris depuis long-tems aucune part à la guerre que la république française a soutenue au prix de tant de sang et de trésors, et avec tant de gloire. C'est sur-tout en Espagne qu'ils se sont retirés. Après avoir fait la guerre pour elle, ils y sont demeurés paisibles pendant la paix, dont cette puissance a religieusement respecté les traités. Le gouvernement français reconnoîtra peut-être dans cette conduite quelques titres à son indulgence.

En l'année 1791, les armées ennemies s'organisoient, des tableaux portant les noms et les pays des émigrés qui y demandoient à être attachés au service de l'Autriche, furent envoyés au gouvernement français. Ce fut cette assurance qui hâta les mesures de rigueur que l'assemblée constituante adopta contre les émigrés. Les discussions qui eurent lieu à cette époque, et dont je ne partage pas indistinctement tous les principes, les renseignemens que recevoient sans cesse le gouvernement et le comité des recherches de l'assemblée, ne laissèrent aucun doute sur le but des rassemblemens, et provoquèrent des mesures qui furent injustes, par cela seul qu'elles furent générales. L'indignation confondit tout; ni le sexe, ni l'âge ne furent épargnés, la proscription des *émigrés* fut universelle, et il ne fut pas possible de ramener à des idées plus justes, pendant la fermentation inséparable d'une guerre terrible, et de l'explosion de toutes les passions révolutionnaires. C'est maintenant que toutes ces vérités, long-tems retenues, doivent être développées avec toute la force de la justice, et que l'inflexibilité pour le crime doit marcher à côté du pardon pour l'erreur.

Et lors même que les notes dont j'ai parlé plus haut n'eussent jamais existé, lors même qu'elles n'existeroient pas encore, lors même qu'il n'y auroit aucune donnée certaine pour prononcer entre les émigrés rebelles et les simples émigrés, il est certain qu'on s'exposeroit à de très-légères erreurs en consultant la notoriété publique dans les départemens où seroit l'ancien domicile de l'émigré, en s'informant de son âge, de ses opinions, de sa moralité, de l'époque de son départ, enfin de toute son ancienne existence. Ce travail seroit infiniment simple, et facile aux préfets.

Ce n'est pas par le nombre qu'ils sont redoutables; en effet, fussent-ils cent mille, (et il est de fait qu'ils en sont à peine la cinquième partie) que seroit cette force contre celle qui leur a été constamment opposée ? J'ai parlé dans le précédent chapitre de quelques-uns des dangers plus réels auxquels leur présence expose l'état : à ces premières considérations j'en ajouterai quelques autres aussi importantes et non moins senties.

La révolution française n'est qu'un grand procès entre le peuple, ses droits, sa liberté, et le fanatisme, l'oppression et l'orgueil de quelques individus, qui, sans autre titre qu'une longue usurpation, réclament le droit d'opprimer encore. Ce procès, jugé depuis long-tems par tous les philosophes, dont les lumières ont éclairé l'humanité, vient enfin d'être terminé par la force des armes, qui, pour la première fois peut-être, s'est unie à celle de la raison.

Tout espoir de renversement par la force extérieure détruit, il a fallu redoubler d'efforts pour arriver aux mêmes résultats par les convulsions intérieures. Le retour à toutes les vieilles idées, le mépris de toutes les institutions créées par la révolution, tous les amis de la liberté indistinctement proscrits comme jacobins, de grandes incertitudes jetées sur la légitimité des acquisitions de propriétés nationales, les menaces réitérées faites à une foule d'acquéreurs, les vengeances sanglantes exercées sur quelques autres, les suggestions criminelles des prêtres perturbateurs, l'institution publique dirigée dans le sens des conspirateurs, enfin la corruption générale de l'esprit public, ont été confiés à quelques hommes dignes d'être chargés d'une telle direction.

Encore une fois, ce n'est point comme une fraction isolée qu'il faut considérer chaque émigré rebelle rentrant en France, mais comme une partie agissante d'un grand tout, constamment occupée à renverser par tous les moyens le grand ouvrage de la révolution française.

Leurs projets ne sont pas douteux, le but unique de tant de soins, de démarches, de dangers, est le rétablissement de la royauté dans la dynastie des Bourbons, pour l'exploiter à leur profit; c'est avec elle, la résurrection de tous les abus, de toutes les oppressions, de tous les fanatismes; c'est le sacrifice immédiat de tout ce qui a servi la révolution ou la république, de tout ce qui a professé des opinions libérales, de tout ce qui a concouru à l'établissement ou au maintien des nouvelles idées......

De l'influence du retour des émigrés rebelles sur l'esprit et le crédit publics.

Le gouvernement français a parfaitement senti que le sort de la révolution reposoit tout entier sur l'invariabilité de cette partie de la législation relative à la vente des propriétés reconnues nationales ; aussi a-t-il ordonné que tout ce qui seroit légalement vendu seroit hors de toute atteinte, et qu'à aucun titre les anciens propriétaires, quelque justes que fussent leurs demandes, ne seroient admis à réclamer l'expropriation des nouveaux acquéreurs. Ces mesures sont justes, mais elles sont insuffisantes ; les gouvernemens qui ont précédé celui qu'a fondé le 18 brumaire, ont placé celui-ci dans la nécessité pénible de maintenir et de consolider des injustices particulières, pour ne pas commettre une grande injustice nationale.

J'ai dit, dans un des précédens chapitres, que le gouvernement n'avoit pas eu en 1792 le droit de prononcer la confiscation *absolue* de tous les biens des simples émigrés, et alors il eût été plus juste à-la-fois et plus politique de soumettre leurs biens à une double, une triple imposition, suivant ce qu'auroient exigé les besoins de l'état. Par-là on se seroit conservé d'immenses ressources, et l'on n'auroit pas consommé la ruine d'un grand nombre de familles. Car je répète que le simple délit d'émigration ne sauroit entraîner la peine capitale ; et cependant cette confiscation prononcée, le gouvernement ne peut qu'en poursuivre sévèrement l'exécution, et accorder, ou sur d'autres biens ou en numéraire, les indemnités qu'il jugera réclamées par la justice. Ces mesures, loin d'attenter en rien au crédit public, graveront plus profondément cette idée dans tous les esprits : que le gouvernement est irrévocablement décidé à maintenir tout ce qui a été précédemment décrété ou arrêté dans les questions relatives à l'émigration.

Mais, par quelle inconcevable fatalité faut-il voir sans cesse, à coté des vaines réclamations des victimes, quelques coupables protégés, et fiers de leur impunité, insulter, par leur triomphe, à la justice du peuple français et à celle des dépositaires de son autorité ?

Si le salut de l'état cessoit un jour de commander dans l'exécution des mesures relatives à l'émigration la même sévérité, de quel droit ces hommes oseroient-ils invoquer l'indulgence? ou plutôt de quel droit jouissent-ils aujourd'hui de toutes ses faveurs?... Pourquoi avoir besoin de se rassurer contre leur présence? pourquoi les républicains cherchent-ils, avec tant d'empressement dans les discours des agens de l'autorité suprême, une sécurité qu'ils devroient trouver dans leurs actes? Ce langage n'est point l'effet de la crainte, il est l'expression d'un sentiment profond et long-tems retenu. Gouvernans et administrateurs, si trop de générosité vous abuse et trahit votre justice, nous oserons nous prémunir contre vos propres vertus. Quel plus digne hommage pourrions-nous leur rendre?

Pour répondre une fois pour toutes aux invectives les plus absurdes et les plus calomnieuses, pour justifier devant la bonne-foi trompée des opinions fortement commandées par le salut de l'empire, qu'on examine seulement avec une raison froide, mais impartiale, et dans le silence de tous les intérêts particuliers, l'état de la France, et l'avenir que quelques misérables lui préparent; parmi les amis éclairés de la liberté, on verra le desir constant de prévenir des renversemens nouveaux, de maintenir de tous leurs moyens ce qu'ils ont acheté au prix de tant de sang versé, de tant de trésors prodigués; de concilier au gouvernement tant d'affections froissées; d'apprendre à l'Europe qu'il ne lui reste plus d'espoir dans nos divisions intestines, et que les principes du 18 brumaire ont réuni l'immense famille du peuple français. Si je détourne un moment mes regards sur nos éternels ennemis, j'aperçois les dernières convulsions de la vengeance et de la haine, des complots sans cesse avortés et toujours renaissans, dont la stupidité seule surpasse la scélératesse; des assurances d'amnistie et de clémence sont données aujourd'hui et démenties par leurs proclamations du lendemain; alternativement, et selon le thermomètre des cours de l'Europe, d'insolentes menaces ou d'insidieuses promesses sont adressées aux acquéreurs des biens nationaux; l'éloge de Bonaparte dans quelques bouches, son assassinat préparé dans leurs instructions ; les mêmes hommes soudoyés par l'Angleterre et déchaînés contre elle ; également implacables contre les individus et les institutions ; réunis dans ce seul sentiment : la haine profonde de tout ce qui a servi la révolution ; vainqueurs aujourd'hui, et se proscrivant demain ; créant parmi eux des modérés et des suspects ; prêts à rétablir les tribunaux révolutionnaires, les commissions militaires ; armés contre nous, et bientôt contr'eux mêmes, de notes, de souvenirs, de soupçons !!! Leur clémence ! qui oseroit y croire ! Français paisibles, qui restez parmi nous, jugez dans votre erreur leurs ames par les vôtres ; vous ! qui n'êtes les ennemis que de nos opinions, et qui, dans l'illusion de vos délirantes espérances, croyez à l'humanité de ces hommes, et appelez leur triomphe par vos vœux ; vous ! plutôt leurs dupes que leurs complices, et qu'un sentiment généreux et respectable attache à ce que vous appelez leur infortune, détrompez-vous, ou n'exigez pas que nous soyons abusés par les mêmes erreurs ; si vos desirs étoient remplis, votre empire seroit d'un jour, vos regrets éternels, et nos malheurs irréparables ! N'accusez plus la sévérité des républicains, et celle du gouvernement qu'ils se sont donné ; ils seront justes, parce qu'ils sont forts et qu'ils ne proscriront jamais ; ils le seront, parce que le salut de l'empire est leur premier devoir, leur invariable volonté, et qu'une conspiration, toujours renaissante, toujours active, réunit, contre la liberté française et jusqu'aux extrémités de l'Europe, les hommes en faveur desquels vous n'écoutez qu'une pitié imprudente ou aveugle !

Des biens nationaux et de leur hypothèque.

JE ne veux point entrer dans une discussion financière. On a déjà prouvé, avec une force à laquelle on n'a jamais répondu, que le salut de l'empire reposoit sur la vente de ses propriétés et la confiance de leurs acquéreurs, et je ne veux que résumer ici ce que j'ai avancé dans le cours de cet écrit, c'est-à-dire, qu'en conservant toute l'inflexibilité de la législation, le gouvernement doit ne pas séparer ici sa justice de sa clémence, et accorder ou en nature ou en numéraire des indemnités aux malheureux dont, par un abus déplorable, les noms auroient été inscrits injustement ou par erreur sur les listes fatales. Cette opération, dont j'ai démontré plus haut la facilité, laisse peu de moyens à l'arbitraire, détruit, par la promptitude de son exécution, toutes les intrigues, toutes les espérances mal fondées; fait disparoître cette nuée de surveillances de tous les abus le plus dangereux; éloigne de nos cités, et sur-tout de nos campagnes, les ennemis privilégiés, qui les trompent et les corrompent, et faire fluer chez l'étranger ces bandes funestes, qui ont bien pu consentir à déposer provisoirement leurs armes, mais qui ont conservé toutes leurs passions haineuses.... Pour qu'on ne me la répète plus, je veux répondre à une objection qui n'en seroit pas une, si elle eût été précédée d'un moment de réflexion.

L'état actuel du trésor national est sans doute loin de permettre la moindre application des fonds publics à des objets étrangers à la guerre ou à l'administration ; mais pourquoi ne pas assimiler le sort des infortunés dont je m'occupe à celui des rentiers de l'état, et se contenter dans l'état présent des choses de reconnoître leur titre à des indemnités nationales ? Ce plan seroit d'autant plus facile à exécuter, qu'à la fin de la guerre les revenus de l'état seront plus que doublés.

Dès l'instant où ces mesures seront adoptées, combien l'hypothèque des biens nationaux devient assurée et hors de toute atteinte ; elle est ainsi sanctionnée par un acte éclatant de justice républicaine ; elle réunit toutes les opinions, détruit les scrupules de la la foiblesse et les objections de la mauvaise foi, dissipe les incertitudes, attache une grande valeur à ces propriétés, ferme la porte à toutes les prétentions, et crée une grande opposition nationale.

A-t-on espéré, espère-t-on encore que les émigrés rebelles, dont on tolère le retour, verront d'un œil tranquille et sans y opposer tous les obstacles qui dépendront d'eux, la vente de leur antique patrimoine? peut-on même l'exiger, et la conduite du gouvernement à leur égard ne lui donne-t-elle pas un caractère de versatilité, qui est loin de sa volonté? une expérience récente n'a-t-elle pas enfin dessillé les yeux d'une foule de gens qui n'avoient cessé jusqu'à ce moment de penser que l'intention de l'autorité étoit de rappeler sans choix tous les émigrés, de les rétablir dans leurs propriétés, et d'en expulser tous les nouveaux acquéreurs?...

Cette opinion a été long-tems accréditée, il a fallu toute la sévérité des dernières mesures pour en faire revenir; mais calcule-t-on bien à quel point son règne de quelques momens a pu la rendre fatale! n'étoit-il pas bien facile de voir que, la première barrière franchie, les premières lois constitutionnelles méconnues, leurs prétentions s'éleveroient en proportion des avantages qui leur étoient accordés ! et, en effet, comment n'eussent-ils pas senti ce que tout le monde sentoit si bien, c'est que les obstacles qui, ne permettoient pas encore leur rentrée dans leurs anciennes propriétés, étoient moins insurmontables, que ceux qui naguères s'opposoient à leur retour sur le territoire français, et dont ils venoient de triompher. Je me plais à reconnoître ici que, dans cette circonstance, la direction du gouvernement est redevenue ce qu'elle n'auroit jamais dû cesser d'être : juste, politique et sévère dans l'exécution postérieure des mesures dont il avoit cru devoir s'écarter pendant quelque tems. Il n'a pas dû punir des hommes qui s'étoient crus autorisés, et qui l'avoient été en effet; il a dû les replacer vis-à-vis de la république dans l'état de guerre qu'ils ont choisi eux-mêmes, et leur enlever pour jamais des espérances que le salut de l'état ne leur permet plus de conserver.

De la fin de la révolution.

ICI les plus grands intérêts se présentent et se multiplient. Nous touchons au dénouement de ce drame terrible qui occupe l'Europe depuis près de douze années ; et comme ce grand évènement, en fixant les destinées de la France, fixera également celles de ses ennemis, tous leurs efforts se réunissent pour en éloigner l'issue ou la diriger selon leurs vœux. Il n'y a pour les émigrés rebelles qu'une manière de finir la révolution, c'est par le rétablissement de cette dynastie imbécille, qui n'a su ni conserver ni conquérir, et qui, au bout de douze ans d'une révolution sanglante, nous offre, pour toute perspective, les périodes d'une révolution nouvelle à parcourir. Les insensés ! tant de gloire dont rayonne cette nation qu'ils ont abjurée, ne les désarme pas ! loin de se résigner à un malheur inévitable, et d'attendre tout du tems auquel rien ne résiste, ils s'encouragent par les maux qu'ils nous ont causés, aux maux qu'ils nous préparent. Ils élèvent tous les obstacles qui entraveront la paix ; ils ne peuvent supporter l'idée du bonheur des français, et prolongent les crises fatales sous lesquelles nous avons été si souvent près de succomber. Heureuse sous un gouvernement tutélaire, la république respire; l'enthousiasme ou la raison, l'admiration ou la nécessité, ou même la fatigue des orages révolutionnaires lui ont rattaché tous les cœurs, toutes les opinions, toutes les espérances, et permis d'entrevoir un avenir consolant; et lorsqu'une main bienfaisante a cicatrisé des plaies cruelles, leur fer sacrilège songe à nous rapporter la mort, et tous les maux auxquels nous avons à peine échappé.

Si ces ames desséchées par une rage impuissante ou flétries par les préjugés, sont demeurées froides et insensibles au spectacle de tant de prodiges opérés par les français, qu'espérer d'elles, et comment leur supposer une patrie? La haine des rebelles s'est fortifiée par leurs défaites, et le moment prochain où la révolution sera terminée, est celui qu'ils redoutent le plus; ils ne peuvent pardonner à Bonaparte sa gloire, son élévation, et à la nation française le bonheur qu'elle attend de son gouvernement. Ils protesteront contre la félicité publique, parce que cette félicité n'aura pas été leur ouvrage, et je ne doute pas qu'ils n'entreprennent de prouver à cette nation triomphante de tant d'armées et d'intrigues, qu'elle ne jouit pas d'un bonheur légitime! Tant de délire n'exciteroit que la pitié, si le souvenir de tant de sang versé, si le spectacle récent de tant de complots sans cesse renoués, ne rallumoit l'indignation!

Toutes les pièces de la dernière conspiration prouvent assez combien Bonaparte leur est odieux : ce sont bien moins nos principes qu'ils redoutent, que la puissance de la nation française et le génie qui préside à ses destinées; si ses ennemis furent subjugués par la force de ses armes, ils savent qu'ils ne seront véritablement vaincus que par celle de la sagesse. Le calme est plus funeste pour eux que la guerre. Après tant de déchiremens, l'autorité bienfaisante qui donne la paix, établit son empire dans les cœurs, et fortifie par l'amour ce qu'elle fonda par le courage... Ce moment est venu : il ne restoit aux rebelles que l'apparence d'une soumission contrainte, ils ont obéi à la nécessité, et pendant qu'au dehors, les uns ne cessoient de poursuivre leurs criminels projets, les autres fidèles à leurs instructions, se rapprochoient du gouvernement, cherchoient à s'insinuer dans sa confiance, à pénétrer ses vues, égaroient sa justice, en vantant sa clémence...... Ah ! si des espérances, dont tout a démenti l'illusion, ont fait supposer un moment que les mêmes hommes qui, depuis douze ans, ont tout sacrifié à l'insatiable passion de la vengeance, sacrifieroient aujourd'hui cette même vengeance au bonheur de leur patrie, l'erreur a été promptement dissipée. Le moment qui adoucissoit leur proscription entraînoit celle de tous les amis de la liberté, et recommençoit la révolution...... Ce spectacle ne pouvoit avoir des témoins indifférens parmi les hommes dont l'existence est liée au sort de la république, au triomphe des principes qui l'ont amenée, et sur lesquels elle repose. La marche actuelle du gouvernement justifie assez les craintes qu'ils avoient conçues d'une marche opposée, craintes trop légitimes, et dont l'avenir seul peut effacer les traces. En dernière analyse, si l'autorité suprême pouvoit être quelques instans incertaine sur le choix des hommes qu'elle doit investir de toute sa confiance, qu'elle n'oublie jamais que les amis éclairés de la liberté n'ont de salut, de protection, de gloire à attendre que d'elle, et que le jour où ces vérités sublimes auront été hautement proclamées et universellement senties, sera véritablement celui qui terminera la révolution.

Résumé.

Je ne sais (si comme on a déjà essayé de me le faire entendre) il n'y a aucun courage à oser publier des réflexions qui seront si diversement appréciées, et qui doivent donner à leur auteur des ennemis aussi influens et aussi implacables. Ce que je sais mieux, c'est que jamais je ne me suis rendu odieux à moi-même par l'exécution, ou la proposition d'une mesure sanguinaire ou injuste : c'est que personnellement victime des excès de la terreur révolutionnaire, je n'ai pu voir sans frémir s'approcher de nous le fantôme hideux de la terreur royale. Agité de souvenirs sanglans, je n'ai pas cherché dans l'histoire des tems passés les leçons que les annales contemporaines nous présentent. Un cri funèbre se prolonge de Naples jusqu'à Paris, et nous apprend quelles sont les vengeances des rois !! le tyran de la triste Italie, l'imbécille et barbare Ferdinand, devenu plus féroce par les conseils de ses ministres et des lâches complices de sa fuite, en épouvante l'Europe ! ni le sexe, ni l'âge, ni le génie, n'ont trouvé grace devant lui ! Depuis son retour, les tombeaux de la ville infortunée où il régna sont plus habités que ses palais, et les actes, qui ordonnent tous ces forfaits, attestent la clémence de ce prince ! Dérision insultante et sacrilège, qui veut rendre le ciel complice de tant d'assassinats ! O Français, ces leçons seront-elles perdues pour vous !!

Et par quels étranges sophismes, des hommes qui n'ont pas versé une larme pendant les longs orages de la révolution, oseront-ils m'accuser de manquer de sensibilité, et d'insulter au malheur ! Le malheur ! je le vois dans tous ces êtres, dont la justice du gouvernement, plutôt encore que son indulgence, prononcera sans doute le retour ; dans ces femmes, dont le sort étoit lié à des individus qu'elles ont dû, peut-être, ne pas abandonner ; dans ces enfans, qui n'ont connu la vie que par les maux qui la rendent odieuse ; dans ces vieillards, qui appartiennent plus à la tombe qu'aux factions, et dont les infirmités et les années commandent plus de pitié et de respect que leurs égaremens ou leurs préjugés n'ont dû inspirer de haine. Mais, que cette clémence coure chercher ses objets au milieu des armées ennemies : que les lauriers qui sont réservés à nos guerriers soient prostitués sur le front des rebelles : je rejette avec horreur le sentiment d'un tel opprobre, et quel que soit l'avenir, quels que soient les évènemens de la guerre, et le sort de cette France dont la destinée fixera celle des républicains, l'exil, la proscription, la mort même, sont préférables à un tel degré d'avilissement!

Je le répète (et tous les hommes qui ont servi la révolution et qui n'ont pas trahi cette cause sacrée m'entendent), les fanatiques et les émigrés rebelles confondent tout dans leur haine; il n'y a qu'un jour entre le 14 juillet 1789 et le 22 septembre 1792; et si, l'on avoit à prouver l'injustice des accusations qu'ils multiplient contre tous ceux qui ne partagent pas leur délire barbare, je rappelerois avec quelle perfidie, ils déchirent à-la-fois de leurs calomnies et les bourreaux et les victimes; je citerois ce Peltier, établissant un parallèle entre *Mallet-Dupan* et

Marat, et réservant toute son horreur pour le premier !!! (1)

Je ne me suis point exagéré les dangers, je les ai crus pressans ; je me suis convaincu que le destin de la république française, si forte au-dehors, si terrible par ses armées, étoit irrévocablement uni dans l'intérieur, à la sévère exécution des mesures prises contre les émigrés rebelles ; j'ai vu que du maintien de ces mesures dépendoient le crédit public, source de toute prospérité, la stabilité du gouvernement, la confiance et l'attachement de cette classe, aussi considérable que précieuse, d'acquéreurs de domaines nationaux ; la sûreté des amis de la liberté et leur dévouement, et enfin, que c'étoit principalement ainsi que les gouvernemens étrangers, reconnoîtroient que, si les hommes successivement appelés en France à l'autorité suprême, avoient éprouvé

(1) Qui n'a pas été frappé en lisant les feuilles anglaises d'une indignation profonde contre ce misérable Peltier, qui attendu que le respectable *Mallet-Dupan* (dont, au reste, je ne prétends point justifier les opinions politiques) eût fermé les yeux, pour accabler sa mémoire des calomnies les plus odieuses.

de fréquentes révolutions, les principes sur lesquels étoit constituée la république, et sa haine pour les traîtres, avoient constamment résisté à toutes les agitations, quels que fussent les changemens de système qu'elles eussent amenés.

J'ai écrit pour les hommes qui aiment et veulent la liberté, je n'ai point parlé le langage des proscriptions, je ne les connus jamais, et ils ne m'auroient pas entendu : celui d'une juste sévérité étoit le seul qui convînt aux circonstances. Nous sommes tous solidaires dans cette grande cause qui fixe les regards de l'Europe ; et si l'arbre de la liberté qui a déjà jeté parmi nous de si profondes racines, pouvoit se flétrir et succomber sous tant de mortelles atteintes qu'il a reçues, j'attendrois encore son salut de cette émulation sublime de gloire et de dangers qui fortifie les liens qui unissent les gouvernés aux gouvernans, et consolident la liberté des peuples, en ajoutant à la puissance des dépositaires de leur autorité.

FIN.

TABLE.

Note préliminaire, page 5
Définition du mot émigré, 9
Du retour en France des émigrés rebelles, 14
Du nombre des moyens, et des projets des émigrés rebelles, 19
De l'influence du retour des émigrés rebelles sur l'esprit et le crédit publics, 25
Des biens nationaux et de leur hypothèque, 31
De la fin de la révolution, 35
Résumé, 40

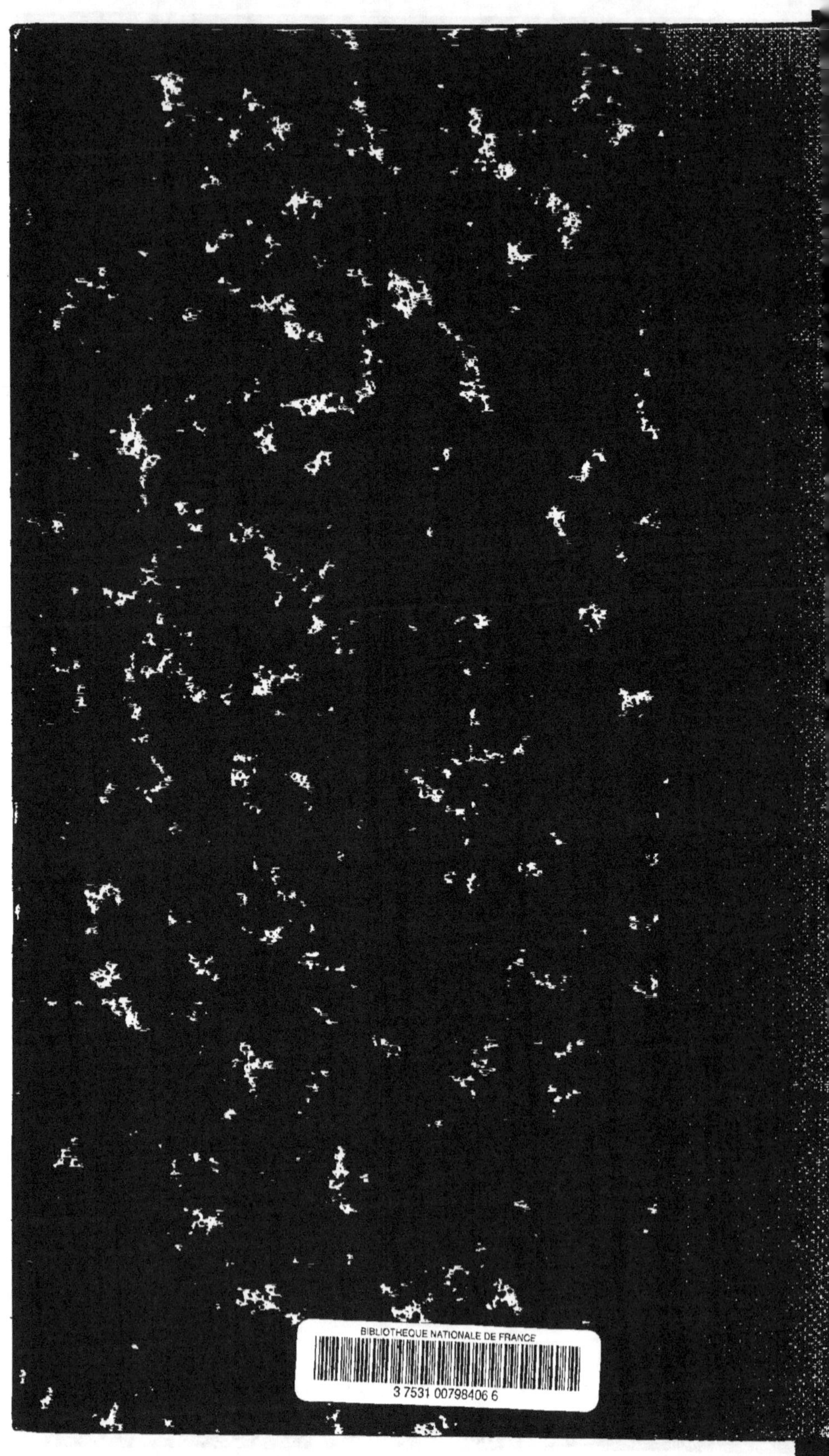
BIBLIOTHEQUE NATIONALE DE FRANCE
3 7531 00798406 6

www.ingramcontent.com/pod-product-compliance
Lightning Source LLC
LaVergne TN
LVHW010101230826
846091LV00005B/2040

9782011784834